Esta edición en lengua española fue creada a partir del original de Mango Jeunesse por
Uribe y Ferrari Editores, S.A. de C.V.
Av. Reforma No. 7-403 Ciudad Brisa,
Naucalpan, Estado de México,
México, C.P. 53280
Tels. 53 64 56 70 • 53 64 56 95
correo@correodelmaestro.com

ISBN: 970-756-040-1 (Colección)
ISBN: 970-756-215-3 (Las máquinas)

© 2006 Uribe y Ferrari Editores, S.A. de C.V.

Traducción: María Jesús Arbiza en colaboración con Correo del Maestro y Ediciones La Vasija
Adaptación y cuidado de la edición: Correo del Maestro y Ediciones La Vasija

© 2005 Mango Jeunesse. *Les machines*
Colección dirigida por Philippe Nessmann
Iconografía: Anna Blum
Maquetación: Estudio Mango

Este libro se terminó de imprimir y encuadernar en Pressur Corporation, S.A.
C. Suiza, R.O.U., en el mes de septiembre de 2006. Se imprimieron 3000 ejemplares.

# ¿Qué es eso?

# Las máquinas

Textos de Charline Zeitoun
Ilustraciones de Peter Allen

CORREO DEL MAESTRO • EDICIONES LA VASIJA

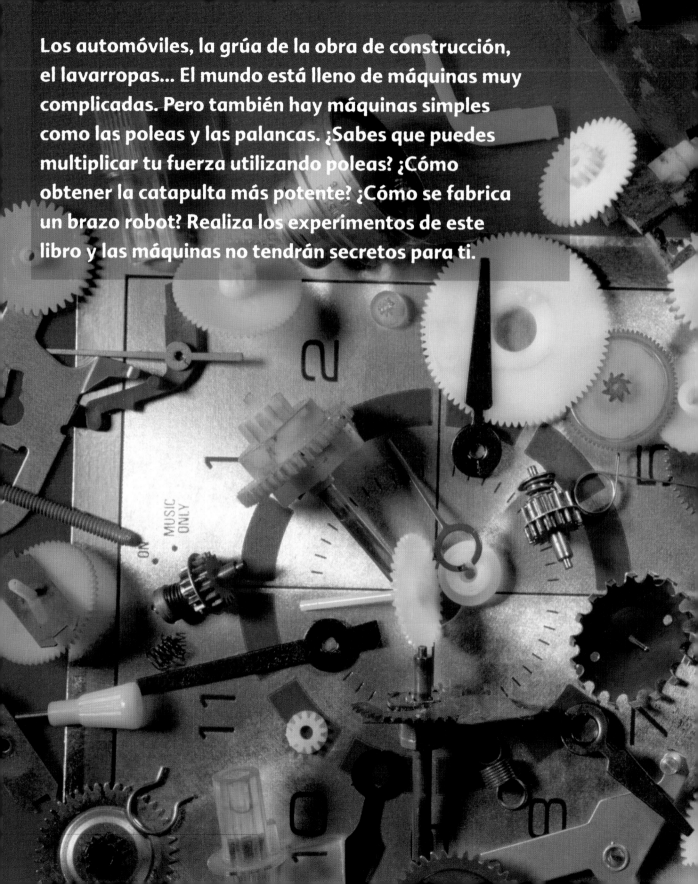

Los automóviles, la grúa de la obra de construcción, el lavarropas... El mundo está lleno de máquinas muy complicadas. Pero también hay máquinas simples como las poleas y las palancas. ¿Sabes que puedes multiplicar tu fuerza utilizando poleas? ¿Cómo obtener la catapulta más potente? ¿Cómo se fabrica un brazo robot? Realiza los experimentos de este libro y las máquinas no tendrán secretos para ti.

# ¿QUÉ ES UNA MÁQUINA?

¡En el hogar hay muchas máquinas! Pero, ¿tenemos realmente necesidad de esas batidoras y otras procesadoras? ¿Son todas las máquinas tan útiles como ésta?

**1** Toma la nuez en la palma de la mano ahuecada. Cierra la mano y aprieta con todas tus fuerzas. ¿Puedes romper la nuez?

Vas a necesitar:
- un cascanueces
- una nuez
- una bicicleta, un patín del diablo o unos patines
- un compañero

**2** Ahora utiliza el cascanueces. ¿Lo lograste?

CRAC

### ¿Lo sabías?

Las máquinas necesitan energía para funcionar. En la bicicleta, la energía proviene de la fuerza de tus músculos. En el automóvil, de la gasolina que se pone en el tanque. En el lavarropas proviene de la corriente eléctrica que llega al contacto.

**3** En la calle, súbete a la bicicleta, sobre el patín del diablo o cálzate los patines. Tu compañero irá a pie. Organicen una carrera. ¿Quién gana?

¡Es imposible romper la nuez con la mano! Y en la carrera, siempre pierde el que va a pie. Gracias al cascanueces, aprietas más fuerte. Gracias a la bicicleta, al patín del diablo o a los patines, tú te mueves más rápido. Sin embargo, tú eres siempre el mismo: la fuerza de tus músculos no cambió. Pero, gracias a las máquinas, la utilizas mejor. Puedes hacer cosas que son imposibles de otro modo. Las máquinas nos dan servicio al permitirnos utilizar mejor nuestra fuerza.

# ¡ARRIBA LAS RAMPAS!

¡Ay!, ¡subir! Para construir una pirámide, es necesario apilar enormes bloques de piedra. Pero en la época de los antiguos egipcios no había grúas. ¿Cómo cargaban los bloques hasta la cima?

**1** Coloca los dos envases de leche, uno sobre otro. Amarra el cordel alrededor del tercero y haz un doble nudo.

Vas a necesitar:
- tres envases de leche llenos
- cordel
- una tabla larga

**2** Jalando el cordel, eleva el envase y colócalo sobre los otros dos. ¿Es pesado?

**3** Apoya tu libro *¿Qué es eso?* con un extremo sobre los envases para hacer una rampa.

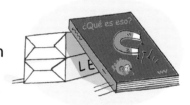

**4** Pon el envase sobre el libro y jala del cordel para que suba hasta los otros dos envases.

**5** Reemplaza el libro por la tabla para hacer una rampa más larga. Arrastra el envase como lo hiciste antes. ¿Es más fácil?

No es fácil cargar el envase. Al jalarlo sobre una rampa, es más fácil. Ésta permite utilizar mejor la fuerza: es la máquina más simple. Obliga a jalar durante más tiempo, pero el esfuerzo se reparte todo a lo largo de ella. Cuanto menos inclinada esté la rampa, ¡es más fácil jalar! Hace 4600 años, para construir las pirámides, indudablemente los egipcios arrastraron los bloques sobre una larga rampa que se elevaba desde el suelo.

# SOBRE RUEDAS

¡Qué cantidad de ruedas! Seguramente sabes que sirven para rodar. ¿Quieres ver cómo serían las cosas si no existieran?

# ¡Haz rodar una carga pesada!

**1** Rodea el envase de leche con la liga. Apóyalo sobre una mesa. Toma la liga con la punta de los dedos y jala. ¿Qué sucede?

Vas a necesitar:
- tres lápices o tres plumones redondos
- un envase de leche
- una liga

**2** Ahora coloca los tres lápices a un centímetro uno de otro. Apoya el envase encima, como en el dibujo.

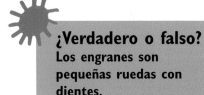
**3** Toma la liga con la punta de los dedos y jala. ¿Qué pasa?

Sin los lápices, la liga se estira, pero el envase apenas se mueve. Apoyado sobre los lápices, se mueve inmediatamente. Sin embargo, tú jalaste con la misma fuerza. La diferencia, entonces, está en los lápices: sin ellos, el envase hace fricción sobre la mesa. Esto crea una fuerza que se opone a la de tus músculos e impide moverse al envase. Sobre los lápices, el envase no hace fricción sobre la mesa. Ya nada se opone a la fuerza de tus músculos: el envase se mueve como sobre ruedas. Para desplazar una carga pesada, una máquina con ruedas ¡es muy útil!

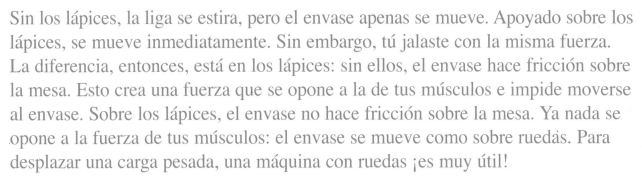

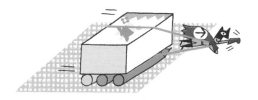

# UNA POLEA

Para elevar la red llena de pescados, se pasa una cuerda alrededor de una polea. Es mejor que jalar directamente la cuerda.

**1** Amarra el envase de leche con el cordel. Apoya el envase en el suelo.

Vas a necesitar:
- un envase de leche
- un lápiz largo
- un adulto
- un cordel o una hebra de estambre de 3 m de largo
- una bobina grande de hilo, vacía

**2** Toma el hilo cerca del envase y jala hacia arriba para elevarlo lo más alto posible. Vuelve a poner el envase en el piso.

**3** Coloca el lápiz dentro de la bobina y pide al adulto que lo sostenga firmemente por los dos extremos, a la altura de su pecho.

**Continúa el experimento**
Reinicia el experimento pidiendo al adulto que levante los brazos en el aire. ¡Podrás elevar el envase por encima de ti! Sin una polea esto sería imposible.

**4** Pasa el cordel alrededor de la bobina y jálalo hacia abajo para elevar el envase. ¿Es más fácil que antes?

Levantar el envase es mucho más fácil con el cordel alrededor de la bobina. Tu bobina actúa como una polea pues modifica la manera como tiras del cordel: sin ella, jalas hacia arriba; con ella, hacia abajo. Eso es mejor, porque puedes utilizar tu propio peso para ayudarte. ¡Esta máquina es muy útil! Se cree que los antiguos griegos la inventaron hacia el siglo IV a.C. Desde esa época, se utiliza mucho para elevar cargas pesadas.

# ¡LLENO DE POLEAS!

Utilizando muchas poleas, las grúas pueden elevar cargas muy pesadas. Este sistema de poleas se llama aparejo.

**1** Que cada uno de tus compañeros sostenga una escoba con ambas manos, uno frente al otro.

Vas a necesitar:
- dos escobas de palo barnizado
- una cuerda
- dos compañeros

**¿Verdadero o falso?**
Con un sistema de seis poleas, podrías levantar un armario grande.

**2** Con un nudo doble, amarra la cuerda en una de las escobas.

Verdadero. Con seis poleas ubicadas como en el experimento de las escobas, multiplicas tu fuerza por seis. Si pesas 25 kg, ¡puedes levantar un armario de 150 kg!

**3** Pasa la cuerda sobre ambas escobas haciendo tres idas y vueltas, como en el dibujo.

**4** Di a tus compañeros que deben resistir con todas sus fuerzas para que las escobas no se acerquen. Toma el extremo de la cuerda ¡y jala fuerte! ¿Qué pasa?

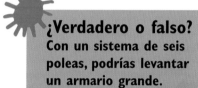

¡Tú logras acercar a tus compañeros aunque ellos resistan! ¿Quiere esto decir que tú eres más fuerte que ellos dos juntos? No, quiere decir que has fabricado una máquina que aumenta tu fuerza. Las vueltas de la cuerda alrededor de las escobas funcionan como poleas. Como utilizas muchas poleas juntas se multiplica tu fuerza. Aquí tienes el equivalente a seis poleas, tu fuerza se multiplicó por seis. ¡Está súper para presumir con los compañeros!

# EL EFECTO PALANCA

Una carretilla es muy útil para transportar una carga pesada. Según tu opinión, ¿dónde hay que colocar las manos para que sea más fácil?, ¿cerca o lejos de la rueda?

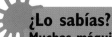

**1** En una habitación, lejos de los muebles, sostén la regla delante de ti por un extremo. Apoya la goma sobre la regla, muy cerca de tu mano.

**Vas a necesitar:**
- una regla plana de 30 cm
- una goma
- lápices

**2** Con un movimiento rápido, haz una media vuelta de tu mano hacia el exterior. Coloca un lápiz en el lugar donde cayó la goma.

**¿Lo sabías?**
Muchas máquinas utilizan la palanca. Los mangos del cascanuecs son palancas que permiten romper más fácilmente. El mango del martillo es largo para actuar como palanca y golpear más fuerte.

**3** Regresa al sitio de lanzamiento. Apoya la goma en la mitad de la regla y repite. ¿Cae la goma más lejos?

**4** Repite poniendo la goma en el extremo de la regla. ¿Qué observas?

Cuanto más lejos de tu mano esté la goma sobre la regla, más lejos caerá. La regla sirve de palanca. Una palanca es una barra que gira alrededor de un punto fijo. Es una máquina muy simple que multiplica la fuerza. Cuanto más larga es la palanca, la fuerza es más grande: cuanto más lejos de tu mano esté la goma, más fuerte saldrá. Pasa lo mismo con una carretilla. Los brazos de la carretilla actúan como palancas que giran alrededor de la rueda. Cuanto más lejos de la rueda los tomes, podrás cargar cosas más pesadas.

# MÁQUINA PARA GIRAR

¡Este enorme 8 es fabuloso para quedar cabeza abajo! ¡Qué sensación! Felizmente nadie se cae del juego.

**Vas a necesitar:**
- un vaso de plástico
- un hilo del largo de tu brazo
- una aguja
- una canica

**1** Pide a un adulto que enhebre la aguja con el hilo. Perfora la parte de arriba del vaso con la aguja. Hazla salir y atraviesa el lado opuesto del vaso.

**2** Saca la aguja. Haz un doble nudo exactamente encima del vaso.

**3** Coloca la canica en el vaso. Amarra el extremo del hilo a un dedo y párate derecho, lejos de los muebles.

**Busca al intruso**
¿Cuál de estas máquinas no utiliza la fuerza centrífuga? Un escurridor de ensalada, una lavadora, una bicicleta.

La bicicleta. En las otras dos, el recipiente o tambor está perforado con pequeños hoyos. Gira muy rápido. La fuerza centrífuga empuja el agua hacia el exterior y ésta sale por los agujeros.

**4** Balancea un poco el vaso y hazlo dar vueltas completas girándolo rápidamente. ¿Se cae la canica?

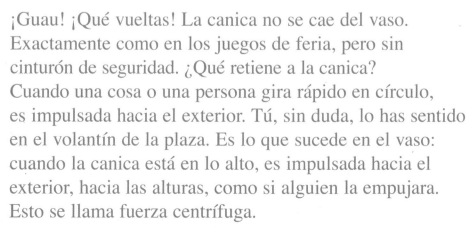

¡Guau! ¡Qué vueltas! La canica no se cae del vaso. Exactamente como en los juegos de feria, pero sin cinturón de seguridad. ¿Qué retiene a la canica? Cuando una cosa o una persona gira rápido en círculo, es impulsada hacia el exterior. Tú, sin duda, lo has sentido en el volantín de la plaza. Es lo que sucede en el vaso: cuando la canica está en lo alto, es impulsada hacia el exterior, hacia las alturas, como si alguien la empujara. Esto se llama fuerza centrífuga.

# MÁQUINA A PROPULSIÓN

¡No hay remos! ¡No hay velas! Este barco avanza gracias a una gran rueda en la parte trasera. Se llama rueda de aspas y gira gracias a un motor.

**1** Rodea el envase con las tres ligas. Desliza los dos lápices bajo las ligas, en los costados angostos del envase.

**Vas a necesitar:**
- un envase de jugo vacío
- cuatro ligas
- dos lápices
- una tarjeta telefónica vieja
- tijeras
- una tina o un fregadero

**2** Engancha la última liga entre el extremo de los dos lápices.

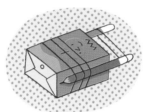

**3** Solicita a un adulto que corte la tarjeta plastificada en cuatro.

**4** Desliza uno de los pedazos en la liga y hazlo girar diez veces hacia ti. Sostenlo bien y pon el envase en el agua. Suelta todo. ¿Qué pasa?

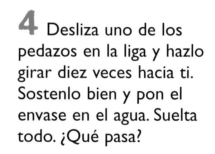

**¿Lo sabías?**
Una liga funciona como un elástico. Si lo estiras, inmediatamente retoma su forma inicial. Así produce una fuerza que podemos utilizar para hacer funcionar una máquina.

¡El trozo de tarjeta plástica gira y el envase avanza solo! Tu barco funciona como el de la foto. El pedazo de tarjeta funciona como la rueda de aspas. La liga, como el motor. Haciendo girar el trozo de tarjeta sobre sí mismo, tú has obligado a la liga a estirarse. Cuando la sueltas, ésta retoma su forma inicial y hace girar la tarjeta en sentido opuesto: empuja el agua hacia atrás, y eso impulsa el envase hacia delante.

# LOS ROBOTS

Ahora a la izquierda, luego a la derecha . . .

¡A trabajar! Los robots son máquinas que trabajan solas. Por ejemplo, se mandan para estudiar planetas lejanos, en lugar de enviar hombres.

**1** Corta las hojas en dos. Dobla cada pedazo en tres, como en el dibujo.

**Vas a necesitar:**
- dos hojas de cuaderno
- tijeras
- una pluma
- cuatro broches de patas
- cuatro lápices largos

**2** Con la pluma, perfora cada tira de papel arriba y a la mitad.

**3** Toma dos tiras, colócalas en forma de cruz. Pon un broche en el agujero del medio. Repite con las otras dos tiras.

**¿Lo sabías?**
En las fábricas, a veces hay robots que reemplazan a los hombres. Se utilizan para los trabajos repetitivos, que siempre requieren el mismo movimiento. Por ejemplo, para pintar automóviles o para soldar.

**4** Une las dos cruces colocando los dos últimos broches, como en el dibujo.

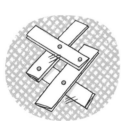

**5** Desliza un lápiz dentro de cada tira de papel.

¡Has fabricado un brazo robot! Al alejar o acercar sus extremos, se estira o se contrae. Con otras tiras de papel, ¡podrás estirar aún más! Y, por ejemplo, encender un interruptor que está al otro lado de la habitación ¡sin moverte del sillón! Es muy útil si no se puede caminar. Para que este brazo funcione solo, como un verdadero robot, sería necesaria la ayuda de un motor. Además, habría que conectarlo a una computadora que le diera órdenes.

# Y si un día...
## ya no hubiera más máquinas...

"Voy a destruirte con mi brazo mecánico..."
—¡Ayyy! ¡Apaga la tele! —grita Carlota.
—Pero no es más que una película
—exclama Esteban—. ¡Verminator no existe!
—¡Por suerte! ¡Qué máquina horrible! En principio, aborrezco todas las máquinas, me gustaría que no hubiera ninguna en la Tierra.

—¿De verdad desearías suprimir todas las máquinas? —pregunta Esteban sorprendido.
—Sí, ¡perfectamente me la podría pasar sin ellas!
—Y en vacaciones, ¿cómo irías de Ciudad de México a Acapulco sin auto, sin tren y sin avión?
—¡Bah! A caballo, ¡como en la Edad Media! Antes no había todas esas máquinas ¡y se vivía muy bien!

—En la Edad Media —corrige Esteban— ya había máquinas.
—¡Ah, sí! ¿Cuáles? —pregunta Carlota.
—Para construir las catedrales se utilizaban grúas de madera. Y para moler el trigo, había molinos de viento y ruedas de aspas.
—Sssíii... Bueno, me encantaría vivir sin máquinas, ¡como en la época de los egipcios!

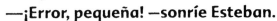

—¡Error, pequeña! —sonríe Esteban.

—¿Ahora qué?

—Para levantar las pirámides, los egipcios construían rampas. ¡Son máquinas! Y para fabricar las telas que usaban, ¡tenían telares!

—Bueno, entonces —se altera Carlota— me gustaría vivir vestida con pieles, en una caverna, con el hombre de Cro-Magnon. ¿Así te parece?

—Mmmm, no, tampoco —contesta Esteban.

Carlota levanta los hombros:

—¡Ey! Los hombres prehistóricos no tenían trenes, grúas ni poleas...

—No, pero ya usaban herramientas para facilitar la vida: arcos para impulsar las flechas, hachas con mango largo para golpear con más fuerza...

Carlota mira alrededor de ella...

—Entonces me gustaría... me gustaría... ser como el pez rojo de la pecera. ¿Eso te viene bien?

—Sí, pero en ese caso, ¡sacaría la bomba de aire que produce las burbujas!

—¡Está bien! ¡Ganaste! ¡Me gustan las máquinas! ¿Jugamos un partido de futbol?